Välkomna barn

Ett Äventyr genom Afrikas vilda djur

Hej, kom och följ lilla Kanin på ett afrikanskt äventyr så vidsträckt,

Genom skogar och savanner, vi hoppar tillsammans med glädje och respekt.

Med Kanin som vår guide och djur från Afrika så häftigt och kär.

Vi lär oss alfabetet med afrikansk prägel, nu börjar vi här!

A är för Agama, ödlan i
färg som bor i Nigeria.

B är för **Bongo**, den skygga
antilopen som finns i Gabon.

C är för Caracal, öronens katt
som smyger i Djibouti.

D är för Dugong, havets ko i vattnen kring Moçambique.

E är för Elefant, med långa betar
som vandrar i Burkina Faso.

F är för **Flodhäst**, som gillar att bada, och bor i **Zambia**.

G är för Giraff, så lång och ståtlig,
som sträcker sig i Tanzania.

H är för **Hena**, skrattets djur
som lever i **Botswana**.

I är för Impala, graciös och kvick
som hoppas i Zimbabwe.

J är för Jabiru, en mäktig stork
som flyger över Mali.

K är för Krokodil, vattendjuret
som lurar i Egypten.

L är för Lejon, kungen av
savannen som ryter i Sydafrika.

M är för Mandrill, den färgglada
apan som klättrar i Kamerun.

N är för Nalolo, en fisk så livlig som
simmar i Malawisjöns klara vatten.

O är för Olabisi, en Leopard så snabb
som smyger i Elfenbenskusten skogar.

P är för Pingu, Pingvin vid
kusten de bor i Madagaskar.

Q är för **Quelea**, små fåglar så många de svärmar i **Kenya**.

R är för Rödapan, lekfull och rar
i regnskogen i Komorerna.

S är för **Schakal**, med list och snabbhet i **Ugandas** savann.

T är för Termithög, småkrypens borg som byggs i Rwanda.

U är för Uggla, i skymningen de
flyger i Angola de hittas.

V är för Vårtsvin, med små vassa
betar i Malawi de vandrar.

W är för Waran, den stora ödlan
som glider i Sydsudan.

X är för Xerus, en afrikansk jordekorre som skuttar och leker i Guinea landskap.

Y är för Ylande schakal, i månens
sken de hörs i Gabon.

Z är för Zebra, med ränder så fina de strosar i Lesotho.

Å är för Ålgräs, där sjöhästar gömmer i vattnen vid Gambia.

Ä är för **Älgantilop**, i skog och på slätt i **Etiopien** de springer.

Ö är för Ökengångare, en fågel
som bor i Namiböknen så torr.